AF248231

LA POLITIQUE POSITIVE

ET LA

QUESTION TUNISIENNE

PAR

LE Dr ROBINET

« Périssent les colonies
plutôt qu'un principe! »

Prix : UN franc

PARIS

E. DENTU, LIBRAIRE-ÉDITEUR

PALAIS-ROYAL, 15, 17, 19, GALERIE D'ORLÉANS

—

Juillet 1881

LA POLITIQUE POSITIVE

ET LA

QUESTION TUNISIENNE

PAR

LE Dr ROBINET

« Périssent les colonies
plutôt qu'un principe! »

PARIS

E. DENTU, LIBRAIRE-ÉDITEUR

PALAIS-ROYAL, 15, 17, 19, GALERIE D'ORLÉANS

—

Juillet 1881

A

Monsieur le Professeur BEESLY

PRÉSIDENT

DE LA SOCIÉTÉ POSITIVISTE DE LONDRES

A

LA SOCIÉTÉ POSITIVISTE DE PARIS

Deux politiques absolument opposées par leur principe, par leurs procédés et par leur but, s'offraient à la France, pour ses relations extérieures, à l'avènement de la troisième République, et lorsque M. Grévy fut élevé à la présidence.

La première, toute pacifique, exclusivement défensive au moins, inspirée par le sentiment de fraternité universelle, d'*humanité*, qui avait dicté à l'Assemblée constituante, en 1789, et à la Convention nationale, en 1793, la *Déclaration des droits de l'homme et du citoyen*, constitue la politique républicaine. Elle eut son apogée, après les grandes guerres de l'an II, dans les traités de paix que le comité de Salut public conclut avec la Toscane, la Prusse, la Hollande, l'Espagne, la Hesse-Cassel et la Suède. En même temps qu'ils rompaient le faisceau de la coalition, ces traités faisaient reconnaître la France, forte et respectée au dehors, république autonome (1795).

Cette politique, à la fois si généreuse et si glorieuse, n'a été réellement reprise et suivie, depuis, par aucun de nos gouvernements. Mais un homme d'un génie supérieur, interprète et continuateur du xviiiᵉ siècle, Auguste Comte, dans ses spéculations sur l'ordre social, l'a fortifiée de démonstrations positives, développée, systématisée, pour en constituer l'état de civilisation suprême vers lequel s'achemine lentement notre espèce.

Ceux qui ont suivi la propagation de sa doctrine savent que les esprits qui s'y sont ralliés n'ont point failli à l'appliquer au cours des événements contemporains, ni à s'efforcer de la faire connaître et accepter par les hommes qui ont eu en main la direction des affaires publiques (1).

Quant à l'autre politique, qu'ont adoptée, au dehors, à partir du Directoire, nos gouvernements successifs, excepté, peut-être, celui de Louis XVIII, c'est, il faut bien le reconnaître, la politique monarchique de la décadence, non pas celle de Henri IV et de Richelieu, mais de Louis XIV et de Napoléon Ier : une politique d'intérêt dynastique, d'intérêt de parti ou même de nation, une politique d'affaires, égoïste, orgueilleuse, violente, rusée et aveugle tout à la fois.

Nous voulons examiner, dans cet opuscule, à laquelle de ces deux lignes de conduite il convient de rapporter l'action de la République française en Afrique, et si elle est davantage sortie de l'ancien régime pour les affaires étrangères que pour celles de l'intérieur.

1er juillet 1881.

(1) *Gibraltar*, or the foreign policy of England, by Richard Congrève, Wandsworth, december 6, 1856; *India*, par le même, 1857; *The Ashantee war*, par le même, 1872; *International policy*, Essays on the foreign relations of England : *The West*, by Richard Congreve ; *England and France*, by F. Harrison; *England and the sea*, by E.-S. Beesly; *England and India*, by E. Pember; *England and China*, by J.-H. Bridges; *England and Japon*, by A. Cookson; *England and the uncivilised communities*, by H.-D. Hutton, London, 1866; *De la civilisation chinoise*, par P. Laffitte, Paris, 1861; *La Nouvelle politique de la France* (relations extérieures), par le Dr Robinet, Paris, 1875; la *Politique positive* (Revue occidentale), directeur E. Sémérie, Paris, 1872-1873; la *Revue occidentale*, philosophique, sociale et politique, directeur M. P. Laffitte.

LA
POLITIQUE POSITIVE

ET LA

QUESTION TUNISIENNE

I

Il nous aurait profondément répugné, au moment où notre gouvernement a pris en Tunisie l'initiative d'une action aussi inattendue, de perdre nos observations dans ce torrent de critiques le plus souvent mal inspirées et mal justifiées, très spéciales d'ailleurs, et tout à fait étrangères aux grands côtés par lesquels on doit considérer cette expédition, que l'opposition de gauche et de droite, dans le journalisme et dans le pays, a déversé sur le cabinet; cela d'autant mieux que nous ne pouvions espérer de voir nos dires pris en considération ni par l'opinion publique, ni par le pouvoir.

Aujourd'hui qu'il y a fait accompli, nous regardons comme un devoir de juger l'événement.

D'ailleurs, ce que nous cherchons, en exprimant une opinion qui diffère aussi profondément de la manière de voir générale, c'est, bien plutôt qu'à blâmer, à rappeler et à faire valoir la solution éclairée, morale et toute humaine que le Positivisme a déduite de l'étude du passé pour guider le présent vers l'avenir, pour sortir l'Occident et le monde des conflits incessants, inextricables, où mène le simple empirisme, la politique d'affaires ou d'intérêt, aussi impuissante qu'incompétente au milieu de cette difficile et orageuse transition qui nous conduit de l'ancien régime au régime nouveau, et durant laquelle tant de peuples ont perdu leur voie.

II

Malgré le respect que nous portons au gouvernement de la République, et à cause de ce sentiment même, nous ne devons pas cacher que l'attaque dirigée contre la Tunisie, sans que la France ait été dans le cas de légitime défense, et sans qu'elle ait fait préalablement de déclaration de guerre, nous paraît injustifiable à tous les points de vue, *sous le rapport du droit des gens où des devoirs internationaux, comme à l'égard des intérêts les plus directs de la République et de la civilisation générale elle-même.*

Pas plus l'attitude du bey envers nous, vu sa faiblesse effective, que les incursions des Khroumirs, à cause aussi de leur peu de moyens militaires, ne menaçaient notre établissement du nord de l'Afrique ; et l'on peut en dire autant de l'Italie au point de vue de la guerre.

Pour contenir ces mauvais vouloirs, que nous tenons pour réels — et en admettant que les griefs articulés par notre gouvernement fussent tous absolument fondés — il suffisait, au pis aller, de réclamations énergiques, de déclarations vraies, signifiées à qui de droit au Bardo et à Rome, disant, par exemple, que nous ne pouvions souffrir que l'Italie nous dépossédât, à Tunis, de l'influence toute pacifique que nous y exercions librement depuis de longues années ; en même temps que, d'autre part, des répressions locales sur notre frontière algérienne, du côté des Khroumirs, y compris les indemnités et réparations habituelles qui, du reste, nous avaient été offertes, auraient complété notre politique de défense et fortifié le *statu quo.*

Mais rien, absolument rien, ni la préférence du bey pour la personne du consul italien et pour les spéculateurs de ce pays, ni les intrigues de ceux-ci, tant qu'elles n'aboutissaient pas à des voies de fait, ni la turbulence permanente des Khroumirs, ne nous autorisait, tout en protestant du contraire, à nous emparer de la Régence et à supprimer aussi complètement à notre profit son indépendance nationale, son autonomie (l'armée, la diplomatie et les finances du pays passent en nos mains), par surprise, par violence et par ruse, en couvrant nos visées et notre envahissement d'assurances véritablement trop osées, et en terrifiant des populations sans défense par une guerre où la destruction des choses va de pair avec celle des hommes (1).

En acceptant même que l'Italie ait réellement eu des vues sur Tunis, en admettant qu'elle ait menacé nos intérêts en Algérie, il était de toute rigueur, pour nous opposer à ses projets, qu'ils se soient manifestés par des actes officiels ; et alors, d'agir ouvertement, comme des gens ayant pour eux le bon droit et la justice, en nous adressant au Quirinal, et non point en expropriant le bey par des procédés qui ressemblent davantage à ceux de violateurs du droit qu'à ceux de républicains portant inscrit sur leur drapeau le principe de la fraternité des peuples.

En effet, supposons un instant que ce souverain — sans autorité s'il faut en croire nos diplomates — n'ait pas eu assez d'ascendant sur ses sujets pour empêcher une résistance aussi inutile que légitime ; supposons qu'une ville comme Le Kef, par

---

(1) Exemples :

« *Une razzia.* — Trois semaines de plus et l'orge serait mûre, on pourrait l'incendier ; on l'a essayé vainement aujourd'hui, elle ne veut pas brûler : on se contente de piétiner celle qu'on ne peut pas couper. »

« Les soldats du génie, qui sont venus avec des mulets chargés d'outils, abattent avec la scie et la hache les oliviers et les figuiers qui sont les seuls arbres fruitiers du pays. Les gourbis qui se trouvaient dans la vallée ont été incendiés hier. Nous poussons plus loin..... » — (*Correspondance du* Temps.)

« Béja, 2 juin, 10 heures 25 minutes du soir.

« *Général Forgemol à Guerre.*

« Hier, 1er juin, la brigade Galland a poussé les travaux de route jusqu'au delà de l'Oued-Zaïn, et les trois brigades réunies ont fait simultanément un *grand fourrage* sur le territoire des Ouled-Yaha, où beaucoup de récoltes et de gourbis ont été détruits..... »

« Tunis, 28 juin.

« Depuis trois jours, le général Logerot, rentrant en Algérie avec quatre bataillons de zouaves et de l'artillerie de campagne, traverse et razzie là tribu des Ouchtetas dont le châtiment était réservé pour la fin de la campagne.

« A part quelques coups audacieux des rebelles, la résistance a été faible.

« Environ 3,000 bœufs et 5,000 moutons ont été razziés. »

*

exemple, un beau matin investie et sommée, sans qu'aucun méfait de sa part ou de celle de son suzerain justifiât notre attaque, et n'étant pas plus que lui en état de guerre avec la France, ait eu l'inspiration de fermer ses portes et de se défendre contre notre agression : que serait-il arrivé? En quelques heures, hommes et choses, avec les engins de guerre actuels, y auraient subi la plus épouvantable subversion, et le drapeau de la République, à la grande admiration des amateurs de balistique, se serait déployé triomphant sur le théâtre d'une aussi monstrueuse barbarie (1).

Tant d'iniquités commises, tant de chances de déportements courues, une expédition si grosse de conséquences encore incalculables aujourd'hui, entreprise pour imposer à un pays sans défense un *traité de garantie* dont un des articles principaux, l'article 7, contient en germe le protectorat de la République, l'action de sa force armée, assurés aux financiers, aux spéculateurs, aux industrialistes, aux loups-cerviers de bourse qui sont devenus les créanciers du bey (2)! n'est-ce pas là mettre l'épée de la France au service des écumeurs d'affaires, engager pour eux sa responsabilité, le sang et la fortune de tant de citoyens, en un mot reprendre les procédés de notre monarchie aux abois, à la fin du xviii° siècle, cet abominable système mercantile et colonial que le grand Turgot avait condamné et dont il avait prédit l'inévitable chute? (3)

Et que l'on ne vienne pas nous dire non plus qu'il ne s'agit ici que d'un acte de police générale, pour assurer des intérêts

(1) Au point de vue militaire, l'*épreuve* que la campagne en Tunisie a fourni l'occasion de faire a été excellente, de l'avis de tous les hommes compétents. *Cette grande manœuvre où nos soldats tiraient à balle sur un ennemi réel* ne restera pas sans effet aussi bien sur la troupe, qui s'est montrée à la hauteur de sa mission, que sur le corps d'officiers et sur le commandant général. Il a été fait des *expériences* qui ne seront pas perdues. Si la perfection n'a pas été atteinte du premier coup (diable!), ce qui est impossible, du moins s'en est-on approché assez pour qu'on puisse facilement, en connaissance de cause, retoucher ou retrancher, améliorer ou réformer là où il est encore indispensable de le faire. » — (*République française* du 25 juin.)

(2) Art. 7. — Le gouvernement de la République française et le gouvernement de S. A. le bey de Tunis se réservent de fixer, d'un commun accord, les bases d'une organisation financière de la Régence qui soit de nature à assurer le service de la dette publique et à *garantir les droits des créanciers de la Tunisie.*

(3) On sait qu'à l'heure présente on parle déjà de négocier pour Tunis un emprunt de 100 millions, c'est-à-dire de doubler sa dette.

politiques et commerciaux dont la légitimité est hors de doute; à défaut de franchise de la part du gouvernement de la République, ces villes que l'on occupe militairement, ces routes stratégiques et ces forteresses que l'on construit, enfin le ton de la presse, dans toute la France, établissent suffisamment qu'il n'est question ici ni d'un protectorat ni d'une occupation momentanée, mais d'une conquête définitive, déguisée sous des affirmations dilatoires qui ne sauraient abuser les esprits sérieux (1).

Mais, ce qui montre surtout que le motif tiré de l'intérêt de la défense de notre possession algérienne, pour nous emparer de Tunis, n'est en aucune manière fondé, c'est que, d'après une conversation qui aurait eu lieu en 1878, à la conférence de Berlin, entre plénipotentiaires (le marquis de Salisbury, le comte Corti et M. Waddington) — fait qui n'a pas été démenti, loin de là — il aurait déjà été question que nous prendrions la Régence et que les Italiens, en compensation, s'empareraient du pachalicat de Tripoli, M. de Bismarck consentant.

En ce qui concerne la France, une dépêche de M. Waddington, ministre des affaires étrangères de la République et son plénipotentiaire à Berlin, au marquis d'Harcourt, notre ambassadeur à Londres, du 26 juillet 1878, relatant une conversation avec lord Salisbury, le 9 du même mois, lève tous les doutes ; en voici le passage principal :

« Il est possible, lui ai-je dit, que l'avenir nous impose, à
» l'égard de la Tunisie, une responsabilité plus directe que celle
» qui nous incombe aujourd'hui. Le cours naturel des choses, je
» l'admets avec vous, *destine sans doute cette contrée à complé-*
» *ter un jour l'ensemble des possessions de la France en Afri-*
» *que;* aussi bien, dès aujourd'hui, ne permettrons-nous à aucune
» puissance étrangère de s'y établir et repousserons-nous par
» les armes toute tentative de ce genre. » — (*Blue Book.*)

Et, lors de la réception de la colonie française de Tunis au

(1) « Le programme imposé à la France par les circonstances est beaucoup plus large : il comprend la transformation complète de la Régence par une série d'actes tels que ni l'Europe, ni le gouvernement beylical, ni la population musulmane, puissent mettre un instant en doute notre ferme résolution d'asseoir inébranlablement à Tunis notre prépondérance en tout et pour tout. » (*République française* du 1er juillet.)

consulat, après la prise de possession de la Régence par le général Bréart, M. de Lamothe, parlant au nom de tous au commandant militaire et à M. Roustan, dit aussi : « La conclusion de la
convention du 12 mai a été le couronnement de l'infatigable per-
sévérance avec laquelle vous n'avez cessé, DEPUIS SIX ANS, *de
poursuivre la reconnaissance officielle de la prépondérance
française en ce pays.* »

C'est donc bien, quoi qu'aient pu déclarer M. Barthélemy-
Saint-Hilaire et M. Jules Ferry, un projet d'annexion et de
conquête déjà ancien que nous venons de réaliser, un acte de
participation effective de la France dans le partage du monde
islamique par les puissances européennes, et non pas un acte de
défense nécessaire et, par conséquent, légitime.

Que l'Italie ne se soit pas trouvée en mesure de s'attribuer la
part qui lui avait été faite et qu'elle en ait conçu de l'ombrage ;
que le bey, sachant nos intentions contre lui — *nous sommes ici
au vif de la question* — se soit tourné vers elle dans l'espoir
d'une alliance destinée à parer, EN TOUTE LÉGITIMITÉ, le coup
dont nous le menacions, tout cela est certain ; mais, encore une
fois, il n'y avait eu, de la part de l'un ni de l'autre, aucun fait
accompli pouvant donner lieu à la rupture des relations diplomatiques, au *casus belli.*

Nous avons donc agi ici en dehors du droit et de la justice, pour
annexer de force un territoire qui ne nous appartenait aucunement et mettre la première main au projet d'agrandissement vers
le Soudan et le Sahara, qui exige que nous soyons les maîtres
incontestés du Nord de l'Afrique..., projet en plein cours d'exécution, et qu'établissent surabondamment les missions militaires
de Flatters et de Galiéni, l'institution de la commission du Trans-
Saharien, la discussion des Chambres et le vote, à plusieurs reprises, de subsides sérieux (1).

L'exemple de l'Angleterre à Chypre, ni celui de la Russie dans les
Balkans — affirmant le droit du plus fort, le darwinisme politique
— ne peut aucunement nous disculper (2) ; au contraire, notre

---

(1) Voir, dans la *Revue occidentale*, « La politique coloniale », n° du
1er mai 1881.

(2) Il faut bien distinguer, d'ailleurs, quant à l'Angleterre, entre la politique tory, c'est-à-dire monarchiste et impérialiste, caractérisée par l'action

mainmise sur la Tunisie nous ôte tout droit de plainte et de revendication au sujet de la Lorraine et de l'Alsace ! Car, s'il est de principe que toutes les nations, grandes ou petites, puissantes ou faibles, quels que soient leur religion, leur marque ethnographique et leur état politique, doivent être respectées dans leur indépendance, et qu'aucune autonomie ne peut être légitimement supprimée par la seule raison du plus fort, de quel droit, ayant une violence semblable à notre charge, irions-nous réclamer au vainqueur de Sedan les provinces qu'il nous a arrachées ? à moins que l'on n'admette qu'il n'y a pas de justice pour les faibles, ou pour les peuples qui ne pratiquent point la religion de Jésus, et qu'après tout les non-chrétiens ne sont pas des hommes ! à moins que l'on n'affirme encore que la République n'est pas obligée, pour ses relations extérieures, à un autre code que celui de la monarchie, à une loi supérieure, qui met le droit, ou la morale, au-dessus de la force ?

Bien mieux, il n'y a pas jusqu'à l'intérêt de préserver de toute fermentation notre colonie algérienne, s'il était réellement en jeu dans l'espèce, qui ne paraisse inadmissible pour autoriser l'occupation de la Régence.

Si notre domination dans le Nord de l'Afrique, qui ne repose sur aucun droit réel ni sur aucun besoin de civilisation, y est à ce point exécrée qu'elle puisse être ébranlée par la moindre influence extérieure ; si, et tout le proclame, au bout de cinquante ans, l'assimilation de la colonie à la métropole n'a pas fait un pas, la question est jugée : une telle conquête n'est ni possible ni légitime. Nous n'avons qu'à laisser à elle-même cette terre qui nous repousse, qui nous coûte chaque année, selon l'expression de Napoléon III, «le meilleur de notre or et le plus pur de notre sang, » — après y avoir institué un *modus vivendi* qui garantisse

de lord Beasconfield, et la politique whig, de plus en plus nationale et libérale, avec tendance républicaine, représentée par M. Gladstone. Si la première a pris Chypre, et commencé la guerre contre l'Afghanistan et le Transwaal, sans parler du Zoulouland, la seconde a terminé dignement ces deux guerres iniques en retirant la main de l'Angleterre avec une grande sagesse et beaucoup de magnanimité, dans des circonstances on ne peut plus délicates ; elle s'est affirmée de la manière la plus désintéressée et la plus énergique dans la crise irlandaise, par la proposition de la loi agraire (*land's bill*), et si, comme quelques-uns l'espèrent, elle pouvait s'élever jusqu'à rendre Chypre, elle aurait donné un grand exemple aux nations ; comme l'Angleterre a déjà fait, du reste, en rendant à la Grèce les îles Ioniennes.

les colons européens et français qui sont venus s'y établir sous la protection de notre drapeau.

Occuper la Tunisie pour conserver l'Algérie, serait doubler la difficulté.

III

Au reste, il n'y a pas non plus que les Régences d'Alger et de Tunis, c'est-à-dire des éléments importants de cette grande civilisation islamique que l'Europe devrait, pour toutes sortes de raisons, davantage respecter, qui soient ici lésées ; les intérêts les plus fondamentaux de la France elle-même n'y sont pas moins compromis. Tandis qu'elle manque à son devoir social, à la morale publique, en continuant et aggravant son oppression, celle-ci menace, en retour, et notre véritable intérêt politique, et jusqu'à la résistance matérielle de notre pays.

En effet, outre que l'Algérie, qui ne nous a jamais rien rapporté, qui n'a même jamais fait ses frais, fiscalement parlant, et qui nous a tant coûté — à ce point que nos chambres vont encore voter 50 millions *pour y encourager l'agriculture*, et que nos journaux viennent de se syndiquer pour monter une souscription en sa faveur (1) — est une charge publique déjà très onéreuse, elle devient, par l'adjonction du beylicat et avec les projets en cours d'exécution sur le Sahara et le Soudan, le point de départ d'une politique extrêmement redoutable, industrialiste exclusivement, ou de spéculation financière, dont le séquestre de la Tunisie, pour assouvir des convoitises insatiables, constitue le premier pas, et qui pourrait bien aboutir au complet épuisement de nos forces militaires et de nos ressources économiques (2).

Une telle cause d'affaiblissement pour la France a, du reste, été bien comprise et aussitôt exploitée par les hommes politiques

(1) « *Souscription nationale en faveur des colons algériens.* »

(2) Voir dans la *Revue occidentale*, n° du 1er mai 1881, notre article sur la politique coloniale.

qui dirigent l'Allemagne, lesquels nous poussent de tous leurs moyens vers l'Afrique.

On peut citer, comme preuve à cet égard, une lettre de M. Barthélemy-Saint-Hilaire, notre ministre des affaires étrangères, à M. Richard Fleischer, directeur de la *Deutsche Revue*, où il dit :

« Cher Monsieur,

. . . .

« Les affaires de Tunis approchent de la solution, qui, je l'espère, sera heureuse.

« Nous n'avons qu'à nous louer de l'attitude de l'Allemagne dans cette question importante ; je me plais à manifester *la reconnaissance que nous devons au gouvernement allemand et aux organes importants de votre presse ;* c'est là un acte de justice. »

D'autre part, on n'a point oublié le gracieux entretien qu'eut M. de Bismarck avec l'aide de camp du Président de la République, M. Francis Pittié, lorsque celui-ci vint le voir à son retour des funérailles de l'empereur de Russie (avril 1881).

« Il est dans le tempérament de la France, lui dit le chancelier, *d'avoir tous les dix ans un mouvement d'expansion au dehors...* cette fois, c'est vers les États barbaresques. Nous n'en sommes pas fâchés. C'est un gage de paix pour l'Europe ».

Ah ! le bon billet qu'a... M. Pittié !

C'est ce qui a fait dire au poète :

> Monsieur de Bismarck, qui nous aime,
> Et qui le dit sur tous les tons,
> Est pour nous d'une grâce extrême ;
> Il nous flatte, il nous sourit même,
> Monsieur de Bismarck, qui nous aime,
> Sait bien pourquoi nous nous battons (1).

Ne suffisait-il pas, en effet, que M. de Bismarck nous poussât en Tunisie *pour que nous nous gardions d'y aller ?*

Avec le mode de recrutement actuellement adopté chez nous. c'est-à-dire avec le service obligatoire pour tous les Français, et avec le système colonial accepté et poursuivi par notre gouver-

(1) P. Déroulède, *Marches et sonneries* (chants du soldat), in-32, Calmann-Lévy, 1881.

nement, la République, ayant en Asie: la Cochinchine, et bientôt le Tonking et l'Annam ; en Afrique : l'Algérie, la Tunisie, la Sénégambie, et bientôt le Soudan ; en Amérique : la Guyane, etc., et qui sait? en Océanie : Taïti, les Marquises, la Nouvelle-Calédonie, etc., peut certainement se trouver, à un moment donné, d'après l'instabilité de sa domination et la loi qui pousse inévitablement toutes les colonies à se séparer de la métropole, amenée à faire la guerre simultanément dans ces quatre parties du monde. Que lui restera-t-il alors, en cas d'attaque de sa frontière orientale, à opposer à l'*ennemi héréditaire* (1)?

A cet égard, n'oublions jamais qu'un des représentants les plus autorisés du peuple qui poursuit l'anéantissement de notre pays (M. de Moltke) professe et pratique cette maxime significative :

« Je ne puis en aucune façon me dire d'accord avec la déclaration de Saint-Pétersbourg, lorsqu'elle prétend que l'affaiblissement des *forces militaires* de l'ennemi constitue le seul mode légitime de procéder dans la guerre.' Non, il faut attaquer toutes les ressources du gouvernement ennemi, ses finances, ses chemins de fer, ses approvisionnements et même son prestige. C'est avec cette énergie, et pourtant avec plus de modération que jamais auparavant, qu'a été conduite la dernière guerre contre la France. »

Or, que resterait-il d'une nation à laquelle on aurait détruit son armée, c'est-à-dire l'élément le plus solide de sa population, ses finances, ses chemins de fer, *ses approvisionnements*, c'est-à-dire ses moyens de vivre, et son prestige ?

Rien !

Enfin, à part cette saignée permanente (la conquête africaine) infligée par nos gouvernants eux-mêmes à notre organisme militaire, ainsi anémié en face de notre ennemi d'outre-Rhin, dont la vigueur exceptionnelle touche à la pléthore, et qui, lui, ne cherche pas de possessions lointaines, cette nouvelle politique coloniale ne peut manquer encore de diminuer le second élément de notre vitalité nationale, c'est-à-dire la force que nous pourrions retirer de nos bonnes relations avec d'autres puissances dont nous devrions absolument rechercher le concours — telles que

(1) Voir « La politique coloniale », dans la *Revue occidentale,* p. 480.

l'Italie elle-même et l'Angleterre surtout, en Occident, et, en Orient, cette Turquie que nous avons laissée aller aux mains de M. de Bismarck — dont l'alliance défensive avec la France importerait bien autrement à notre sécurité et au progrès de la civilisation qu'une extension indéfinie de notre part vers le centre du continent africain.

C'est, en effet, un des résultats les plus regrettables de cette fièvre d'agrandissement territorial, d'armer les susceptibilités des peuples et de miner la bonne entente et l'union qui doivent régner entre eux.

Comme nous le faisait observer récemment notre éminent ami, le docteur J.-H. Bridges (de Londres): « Ces dominations orientales et africaines finissent par devenir un vrai fléau pour les nations qui les entreprennent, comme, du reste, l'Espagne ne l'a que trop bien éprouvé, et comme nous (Anglais) l'éprouvons actuellement pour le cas de l'Inde.

« Il faudra toutes nos forces pour soutenir et ranimer les sentiments d'occidentalité, qui tendent toujours à s'affaiblir sans de tels efforts constants. On se laisse aller à des reproches habituels contre tel ou tel membre de la famille occidentale, que ce soient les Italiens ou les Allemands, etc. Cela ne sert absolument à rien, si ce n'est à fortifier des rancunes déjà trop vigoureuses. Il faudrait que les Positivistes apprissent à regarder de telles légèretés comme de vrais blasphèmes. Les nations sont innocentes : *il y a des doctrines fausses, il y a des meneurs coupables ;* mais le fonds d'une nation quelconque est toujours bon. Voilà ce que chacun de nous doit se réitérer constamment. Le dénigrement systématique d'une nation est une insulte faite à l'Humanité. »

Tout au moins, cette politique d'accroissement colonial, en nous aliénant et en indisposant contre nous la Turquie, la Grande-Bretagne et l'Italie (1), en diminuant ainsi dans toute l'Europe le crédit que dix années de recueillement nous avaient

---

(1) On lit à cet égard dans un journal anglais : « Tout cela et d'autres signes des mauvaises dispositions qui existent entre les Italiens et les Français est vu avec une certaine satisfaction en Allemagne, et la *Gazette de Cologne* dit tout crûment : « S'il y avait encore une guerre entre la France » et l'Allemagne, nous avons, les circonstances restant les mêmes, une alliée » sûre au delà des Alpes. »

Or, qui plus que la presse germanique et M. de Bismarck nous a poussés en Tunisie ?

rendu, ferme-t-elle inopinément l'ère de *statu quo* et de réparation imposée par nos désastres de 1870, *pour rouvrir à notre pays une carrière militaire et diplomatique pleine de hasards et de dangers*, en même temps qu'elle constitue, pour la population française elle-même et pour notre armée, dont la constitution actuelle, toute défensive, ne comporte plus les expéditions éloignées ni le régime de conquête, un système actif de démoralisation.

C'est pourquoi gaspiller, dépenser en pure perte et pour satisfaire des convoitises immorales ou un déplorable amour-propre national, les forces de guerre de la France et ses ressources économiques, au lieu de les concentrer, avec l'âpreté que devrait nous imposer la patriotique angoisse d'un danger trop réel à notre frontière nord-est, à ces Thermopyles de la République, nous paraît une politique justiciable des plus hautes sévérités.

Ce blâme général, et le regret qu'il comporte, concernent également la France, qui n'a presque fait entendre aucune protestation, le Gouvernement surtout et les Chambres, où l'on n'a eu à enregistrer que la réserve, très explicite, très ferme et très honorable, il est vrai, d'un député de Paris, M. Clémenceau.

IV

Pour l'école philosophique, pour le parti politique et social auxquels nous nous faisons honneur d'appartenir, la question de la conquête de la Tunisie et de la conservation de l'Algérie se rattache à une conception plus générale, celle de l'ordre dans les sociétés humaines et de l'avenir de notre espèce, qui doit la faire envisager d'un point de vue encore plus élevé que celui où nous nous sommes mis précédemment.

Car, pour le Positivisme, l'Humanité, dans sa portion la plus avancée (l'occident de l'Europe), peut et doit, d'ores et déjà, abandonner la théologie et la guerre, qui ont présidé à sa première enfance et à sa jeunesse, pour accepter simultanément la science et l'industrie, qui doivent éclairer et servir sa maturité.

Si, au début de l'évolution humaine et tant que les conceptions fictives et les procédés militaires ont réellement prévalu dans les opinions, les mœurs et les institutions des peuples avancés, le théologisme et la guerre ont dû passer pour légitimes et être considérés comme le véhicule nécessaire de la civilisation, il n'en est plus ainsi du jour où l'extension de l'esprit scientifique à toutes les catégories du savoir et de la pensée, le progrès de l'industrie, des beaux-arts, et l'adoucissement des mœurs, bases indispensables du régime pacifique, ont assez prévalu pour mettre la loi sociale au-dessus de la loi zoologique et la République au-dessus de la monarchie, du jour où la notion de l'Humanité, comme plus grand être réel, s'est laissée voir au-dessus de celle de Dieu et nous a montré tous les peuples comme ayant le même droit à la terre et au soleil et comme formant les éléments divers, mais consanguins, d'une même famille.

On conçoit alors que l'état normal de notre espèce doit consister en un régime d'activité pacifique, dirigé par une foi démontrable et cimenté par des sentiments universels de sociabilité ou d'affection réciproque.

Or, comme cet état, encore idéal, exige, pour être atteint, réalisé, une transition plus ou moins durable, qui doit elle-même présenter, *quoique avec une intensité moindre, toutes les dispositions essentielles de la constitution finale*, il s'ensuit que la civilisation ne peut consister aujourd'hui que dans la propagation fraternelle et pacifique, par les nations les plus avancées, des sciences, des arts et de l'industrie, chez les populations en retard, dans des relations commerciales libres et consciencieuses, dans des rapports politiques marqués au coin de la justice et de l'honnêteté, dépouillés de violence, de ruse et d'arbitraire, répudiant l'oppression, la dévastation et l'extermination internationales, que l'on doit flétrir comme des forfaitures morales, en attendant qu'on puisse les punir comme des crimes.

Pour amener à nous les nations que nous appelons *sauvages* pour peu qu'elles diffèrent de notre état mental et social, il faut donc autre chose que l'absolutisme théologique et la brutalité militaire ; ces procédés mécaniques ont fait leur temps ; la question, intellectuelle et morale surtout, ne peut se résoudre que par l'*éducation*, par des missions civiles purifiées de tout militarisme comme de tout mercantilisme, dégagées des préjugés de religion et de race, imbues de la relativité, de la clairvoyance et de la tolérance que donne la science réelle, et capables de faire comprendre aux attardés les avantages de leur transformation (1).

Or, est-ce bien là ce que les Occidentaux entendent généralement par ces *missions civilisatrices* qu'ils s'arrogent si facilement?

Qu'ont fait les Américains du Nord des Peaux-Rouges qui occupaient avant eux leur continent? Ils les ont détruits, ou à peu près! Qu'ont fait et que font encore les Européens de cette charmante race maori, de ces Polynésiens qui semblaient avoir résolu le problème du bonheur sur terre avant que nous ayons pénétré chez eux? Ils les ont détruits, ou à peu près! Qu'ont fait les Anglais et tous les Occidentaux, dans l'Australie, de cette malheureuse race papoue, aussi peu favorisée que les habitants d'Otaïti étaient, au contraire, comblés des dons naturels? Ils sont en voie de la détruire!—Comment se sont signalés, jusqu'ici, les Européens dans l'Hindoustan, en Chine, en Cochinchine, dans l'Asie centrale, en Algérie, au Sénégal, à la Jamaïque, au Japon, chez les Achantis, au Zoulouland, etc., etc.? Par le meurtre, par le pillage et la dévastation, par le darwinisme social et politique.

Est-ce là de la civilisation?

Parmi les peuples que l'on peut considérer comme formant l'élite de notre espèce, parce que la science, l'industrie et les mœurs y sont plus que partout ailleurs développées, c'est le groupe occidental, et, dans son sein, la nation française, — placée au centre, entre l'Angleterre, l'Allemagne et ses annexes scandinaves, au nord ; l'Italie, l'Espagne et ses colonies, au sud — à qui semblerait plus particulièrement dévolue, d'après ses antécédents historiques et son avènement à la République, l'initiative des derniers progrès, la mise à l'ordre du jour, dans le monde moderne, de la haute politique d'avenir caractérisée par la prépondérance de cette foi démontrable et de cette activité pacifique qui seules peuvent constituer le nouveau régime.

(1) La *Revue occidentale*, loco citato. — Auguste Comte, *Système de Politique positive ou traité de sociologie instituant la religion de l'Humanité*; voir surtout t. IV, ch. VII.

C'est donc elle qui doit, la première — car il faut que quelqu'un commence — donner l'exemple du renoncement aux conquêtes, à la domination militaire, à l'absolutisme théologique, au mépris et à l'oppression des vaincus, à l'exploitation des faibles.

Voilà pourquoi nous l'avons vue avec une douleur si vive mettre la main sur Tunis au lieu de quitter Alger, et reprendre à l'extérieur la politique monarchique, en violant les *Droits de l'Homme*, en manquant à la noble devise inscrite sur son drapeau, en foulant aux pieds la loi morale de la République ! et pourquoi aussi, en invoquant le Positivisme, nous avons entrepris de remettre sous ses yeux le tableau de ses devoirs, le véritable sens de sa politique.

La République occidentale, qui a aujourd'hui un état intellectuel et moral si homogène, s'est formée par l'incorporation de l'Ibérie et de la Gaule d'abord, et ensuite de la Grande-Bretagne et de la Germanie, à l'empire romain, héritier lui-même de la civilisation grecque et de l'antique théocratie égyptienne ; enfin l'union et l'unité de l'Occident ont été fortifiées par le régime catholique et féodal, au moyen âge, de sorte que les convergences dues à l'essor positif, aux sciences, aux beaux-arts, à l'industrie, aux mœurs, y dépassent, à beaucoup d'égards, les divergences provenues de la rupture du lien spirituel au xiv° siècle, par la Réforme, ainsi que du développement inégal de l'état révolutionnaire et de la formation arbitraire des grandes nations modernes.

Mais cet Occident, composé d'États distincts et indépendants bien qu'ayant un même fonds spirituel, et qui est apte dès à présent à accepter le système scientifique et pacifique qui constitue le Positivisme, ne comprend guère que la cinquième partie de la population humaine, ou de tous les habitants du globe. Il importe donc de montrer ici, d'une manière très sommaire, suivant quel ordre il pourrait, une fois régénéré, amener à sa foi, à son nouveau système de croyances et d'institutions, les autres peuples de la planète.

Cet ordre est indiqué par les affinités décroissantes que le Positivisme affecte avec les diverses populations, d'abord avec celles qui sont encore monothéistes, puis avec les polythéistes, et enfin avec les fétichistes.

Le premier cas est celui des monothéistes orientaux, chrétiens ou musulmans, c'est-à-dire de la Russie, d'un côté, et, de l'autre, de la Turquie et de la Perse, qui, une fois converties à la religion de l'Humanité, à la foi positive ou scientifique, deviendront nos meilleurs auxiliaires et les agents directs de sa propagation chez les populations polythéistes, dans l'Hindoustan, en Chine, etc., et, finalement, chez les fétichistes, principalement chez les noirs d'Afrique.

On peut entrevoir déjà, d'après cette trop courte indication, le point de vue élevé et consolant, absolument différent de l'empirisme actuel, duquel on doit envisager et diriger dès à présent nos relations avec les nations des autres parties de la Terre, et le rôle important qui incombe naturellement, dans cet essor définitif et indispensable de la civilisation humaine, aux nobles et vigoureuses populations islamiques, surtout aux Arabes et aux Turcs, qui seront nos meilleurs intermédiaires avec l'Asie et avec l'Afrique.

Eh bien! cette immense conversion, de laquelle devra résulter la constitution finale de notre espèce et sa complète unité, suppose inévitablement *le respect de toutes les autonomies, le maintien de l'indépendance politique et nationale de tous les peuples* et leur adhésion libre aux relations pacifiques, industrielles et commerciales avec les Occidentaux, aux sympathies, aux fraternités internationales empiriquement établies et systématiquement développées ; enfin, et surtout, leur acceptation spontanée des grandes constructions scientifiques qui forment désormais la base inébranlable de la mentalité humaine et de notre action rationnelle sur le monde et sur la société, pour améliorer définitivement notre situation extérieure et notre nature.

V

Lorsque, placés à ce dernier point de vue, nous parlons de la nécessité de quitter l'Algérie, nous n'entendons pas, du reste, que notre administration et notre armée l'abandonnent du jour au lendemain, en laissant à la merci des premiers occupants, Berbères et Arabes, la colonie européenne qui s'y est fixée ; mais que le principe de la restitution étant admis, *proclamé*, la France y fasse surgir un gouvernement *indigène* et *musulman* régulier, lequel aurait formellement accepté des relations diplomatiques et des obligations précises à l'égard des intérêts cosmopolites ; et qu'enfin les stipulations convenues seraient garanties par l'occupation française, ou mieux, *occidentale* (celle-ci aurait l'avantage d'assurer que personne, en Europe, ne tenterait de s'emparer du pays après que nous l'aurions restitué) de certains points du littoral et de l'intérieur pendant un temps déterminé.

Des hommes très compétents et qui connaissaient à fond, pour y avoir vécu et gouverné, notre colonie algérienne, étaient arrivés à proposer son abandon, il y a longtemps déjà, d'après des motifs d'observation directe, d'expérience, ou par des considérations toutes pratiques.

Le général Clausel et le maréchal Bugeaud surtout étaient de cet avis, et avaient, dit-on, gagné Louis-Philippe à leur manière de voir. Le maréchal s'en était même ouvert devant les Chambres, et c'est par peur de l'opposition que le roi aurait reculé devant cette grande et juste initiative.

Napoléon III, ce rêveur politique, avait fini par reconnaître, dans un accès de bon sens, que l'Algérie nous coûtait plus qu'elle ne valait pour nous, et il caressait, dit-on, l'idée d'en faire un royaume arabe.

Mais c'est par des raisons d'un tout autre ordre, résumées dans le précédent paragraphe, que le fondateur du Positivisme reprit la proposition, la développa dans ses cours publics et lui donna, dans son *Traité de sociologie,* une consécration définitive.

Il faut reconnaître, toutefois, que ses prescriptions à cet égard se rapportent à un état politique et social, ou à un degré de la transition de l'ancien au nouveau régime, que la France et l'Occident sont encore loin d'avoir réalisé. Auguste Comte suppose, en effet, avant de recommander l'abandon des colonies en général et de l'Algérie en particulier, que le Positivisme a atteint, en Occident, sinon une prépondérance effective, tout au moins une notoriété qui a déjà déterminé des dispositions pacifiques et fraternelles suffisantes pour que la France ait pu désarmer sans crainte d'être attaquée ou envahie, c'est-à-dire qu'elle ait pu réduire son armée à ce qu'exigerait le maintien de l'ordre intérieur, soit à une simple gendarmerie.

Hélas! nous n'en sommes plus là; l'avènement de Napoléon III a ramené l'ère des luttes violentes et fratricides; l'équilibre européen de 1815 n'existe plus, l'Allemagne a conquis la prépondérance militaire qu'avait usurpée la France aux temps de Napoléon Ier; nous en sommes réduits, si nous voulons rester nation, peuple libre, à nous tenir sur une défensive implacable, puissamment armés!

Néanmoins, comme dans cette situation anxieuse, une extension coloniale, notamment en Afrique, ne saurait que *nous affaiblir et nous démoraliser*; et comme, d'autre part, l'abandon de l'Algérie et à plus forte raison de la Tunisie, ne pourrait que nous fortifier et nous relever à nos propres yeux comme à ceux des autres nations de l'Europe et de l'Orient, nous n'hésitons pas à reproduire le principal passage du *Traité de sociologie* concernant cette grave détermination, et à reprendre la recommandation du fondateur du Positivisme pour notre propre compte :

« Il faut d'abord caractériser l'irrévocable avènement d'une politique pleinement pacifique (dit Auguste Comte, en se plaçant dans l'hypothèse du désarmement possible) par une digne restitution de l'Algérie aux Arabes (1). Outre que la domination actuelle ne pourrait se prolonger quand on supprimera l'armée française, elle est radicalement incompatible avec toute réorganisation (2). Cette oppression fut instituée et développée à grands frais pour ranimer l'instinct guerrier, *cultiver au dehors une férocité destinée au dedans* (3), et surtout corrompre la population centrale (la France), afin de la détourner du but social, en l'intéressant à la tyrannie rétrograde. Une telle conduite doit être d'autant plus reprochée au moins estimable des cinq dictateurs français (4), que,

---

(1) Abd-el-Kader lui paraissait alors l'organe politique le plus capable d'aider à cette transformation. — R.

(2) On ne le voit que trop aujourd'hui. Lire surtout, dans le *Journal officiel*, séance du 1er juillet 1881, les débats auxquels a donné lieu, à la Chambre des députés, l'interpellation des représentants de l'Algérie, les révélations sur le gouvernement civil et le commandement militaire. — R.

(3) Les massacres de Paris, en mai 1871, ne l'ont que trop prouvé. — R.

(4) Louis Philippe. — Auguste Comte considérait que l'hérédité et l'invio-

pouvant répudier et réparer le tort de son devancier (Charles X),
il se l'appropria sans conviction, pour ménager des préjugés
aisément surmontables. Mais, outre les motifs généraux qui n'ont
jamais cessé de prescrire cette restitution, un mémorable épi-
sode (la guerre turco-russe de 1854) doit maintenant l'accélérer
en manifestant le caractère contradictoire d'une politique où l'on
maintient, au sud de l'empire ottoman, une spoliation qu'on répri-
me au nord. L'accomplissement de cet acte de justice ne saurait
d'ailleurs aucunement être entravé par des ménagements immé-
rités envers une colonisation sans consistance, faible compensation de tant d'iniquités » (1).

Nous le répétons, cette considération qu'Auguste Comte plaçait
à une époque plus avancée que celle où nous sommes la restitution
de l'Algérie ne nous paraît aucunement devoir faire condamner
l'initiative que, d'après lui-même, nous reprenons à cette heure.

En effet, aux motifs qu'il a fournis, d'autres se sont juxtaposés
qui demandent une solution immédiate : notamment ceux qui
résultent des nécessités de notre défense nationale et des *gages*
positifs de son inébranlable volonté pacifique, que la République
doit donner à l'Europe, pour y retrouver la confiance, le crédit
moral et les alliances qui constituent le second besoin fonda-
mental de sa situation et de ses conditions d'existence (2).

Inutile surtout, à propos de cette brutale exploitation de l'Afrique, de nous parler encore de la mission civilisatrice de la France,
et de couvrir plus longtemps par la solennité trompeuse de cette
formule, aussi respectable en soi que mal appliquée ici, les plus
criants abus de la force et l'arbitraire le plus coupable (3).

labilité, qui sont le caractère essentiel de la royauté, n'ayant pas été obte-
nues par nos rois depuis le 21 janvier 1793, la monarchie a réellement pris
fin, chez nous, avec Louis XVI, et qu'elle a été remplacée par des dictatures
temporaires, d'ailleurs progressives, stationnaires, ou rétrogrades, dont les
cinq titulaires sont : Danton, le principal de tous ; Napoléon Ier, le plus
funeste ; Louis XVIII, Louis-Philippe et Napoléon III. — R.

(1) *Système de Politique positive*, tome IV, pages 419-420.

(2) V. *La nouvelle politique de la France* (Relations extérieures), par le
Dr Robinet ; 1 vol. in-8°, Paris. Ernest Leroux, 1875.

(3) « Le *Petit Fanal* dit que le seul moyen maintenant de ramener la sécu-
rité sur nos frontières de l'ouest et de l'est est de détruire Figuig, de raser
El-Abiod, la ville aux dix-sept mosquées, et de jeter aux vents les cendres de
Hamza. » — (Alger, 24 juin.)
Et Sfax?.....

Ces considérations ne nous semblent laisser aucune place à je ne sais quelles préoccupations d'amour-propre patriotique certainement honorables, mais étroites et inclairvoyantes, qui, sous prétexte d'honneur et d'intérêt national mal compris, de prestige guerrier, empêcheraient la France de reconnaître ses erreurs passées, son intérêt présent, et la pousseraient, au contraire, à se déconsidérer et à se compromettre encore par de nouveaux envahissements.

Nous ne sommes point seuls d'ailleurs à embrasser cette manière de voir.

Outre l'autorité du fondateur du Positivisme, qui est notre point d'appui, notre loi, outre l'opinion empirique de tant de gens de bon sens, civils et militaires, qui ont habité l'Algérie, nous avons rencontré des sympathies très vives dans la Société positiviste de Paris ; et celle de Londres, par une déclaration conforme que nous reproduisons à la fin de cet opuscule, a prouvé que l'idée de la restitution de l'Algérie par la France, et son organisation autonome, a pour partisans, en Angleterre, des hommes d'un talent reconnu, d'une haute portée intellectuelle, d'une moralité politique plus haute encore, et d'une grande indépendance de caractère.

VI

Pour toutes ces raisons, et pour nous conformer à la politique traditionnelle du parti positiviste — encore tout récemment affirmée lors de l'agression de la Russie contre l'empire ottoman (1) — ainsi qu'aux prescriptions formelles du fondateur de la Religion de l'Humanité envers l'ordre général et le progrès systématique de notre espèce, nous sommes obligés de reconnaître que la conduite de notre gouvernement, qui a suivi ici la ligne politique de la monarchie et non celle de la république, nous paraît condamnable, en principe comme en fait, sous le

(1) *Adresse des Positivistes de Paris à Midhat-Pacha,* br. in-18, Paris, 1877 ; — *Nouvelle Politique de la France.*

rapport du droit international, en Occident et en Orient, et des intérêts les plus fondamentaux de la France en particulier et de la civilisation en général, autant en ce qui concerne la récente conquête de la Tunisie, que pour ses visées sur le Sahara et sur le Soudan. Car il n'y a aucune comparaison à établir entre la propagande pacifique que le Positivisme conseille, pour amener à l'état scientifique-industriel, non seulement l'occident de l'Europe, mais tout le reste de la planète, et l'action brutale, désordonnée, exercée sur les nations sans défense par un tel empirisme.

Pour toutes ces raisons encore, il nous semble à souhaiter que la nation et l'État, en France, n'acceptant désormais la guerre que comme moyen de défense, pratiquant sincèrement le respect des petites nationalités et la morale publique ou internationale, renoncent à toute conquête et à toutes aventures extérieures, répudient au plus tôt le chauvinisme colonial, la curée du monde islamique et fétichique par l'industrialisme occidental, et repoussent quelque compromission que ce soit dans ce partage honteux, par les gouvernements européens mieux armés, des peuples qui ne peuvent se défendre, sous prétexte de les civiliser, mais en réalité pour les tenir à la merci de toutes les entreprises du militarisme, et pour les asservir à l'exploitation ploutocratique des personnages absorbants qui florissent dans les grands marchés de capitaux de Londres, de Paris, de Vienne, de Berlin, de New-York, de Saint-Pétersbourg, etc.

On ne saurait, en effet, reconnaître l'œuvre de la civilisation dans cette compétition d'intérêts, dans cette politique de carnassiers qui consisterait à employer la puissance et les formidables ressources que la science et l'industrie modernes peuvent mettre aux mains de la guerre, pour tenir le monde entier sous les pieds d'une oligarchie représentée par quelques centaines de ploutocrates touchant les revenus de la Terre et rappelant, par leur égoïsme, leur orgueil, leur faste et leur corruption, ces patriciens dégénérés qui ont présidé à l'effondrement de l'empire romain.

Que notre pays, que la République offrent donc, pour gage de leur renoncement à un si monstrueux système, la restitution d'Alger et de Tunis à leurs légitimes possesseurs, après y avoir assuré l'ordre public.

En proposant cette politique, nous ne nous faisons, du reste, aucune illusion, sachant à quel degré tous ceux qui, de près ou de loin, chez nous, en Occident et en Europe, ont part à la direction des affaires politiques, sont esclaves de l'empirisme et du côté matériel des questions, et avec quelle pitié ils considèrent tout ce qui ne représente pas l'une de ces trois forces : *le nombre, le sabre, l'argent.*

Cependant nous nous rappelons aussi que le Positivisme a donné à plusieurs reprises, dans des circonstances suprêmes, des avis qui, s'ils avaient été pris en considération, auraient épargné à la patrie française des épreuves sans précédent et sans compensation ; nous aurions cru manquer à tous nos devoirs en ne renouvelant pas ici ses avertissements.

PROTESTATION

DE

LA SOCIÉTÉ POSITIVISTE

DE LONDRES

———

Nous devons reconnaître avec tristesse et confusion que l'acquisition de Chypre est un fait trop récent et trop directement en rapport avec la destruction de l'indépendance tunisienne, pour qu'il nous soit permis, en tant que nation, de récriminer contre la politique de la France. Nous reconnaissons de plus, et pour la même raison, qu'en jugeant cette politique, tous les citoyens anglais, même ceux qui ont protesté contre le crime du gouvernement Beaconsfield, sont tenus, en vertu des plus simples convenances, d'écarter de leur langage toute expression malveillante et injurieuse. Le ton adopté par un grand nombre de nos journaux nous semble de nature à rabaisser notre pays aux yeux de l'Europe, en nous exposant à l'accusation d'hypocrisie après avoir encouru celle de rapacité.

Nous désirons attribuer leur entière valeur à toutes les circonstances qui peuvent être invoquées pour atténuer la conduite de la France. L'ignoble acquiescement de l'Europe au rapt de l'Alsace-Lorraine avait été, jusqu'à un certain point, compensé en 1875, lorsqu'on empêcha l'Allemagne de renouveler l'invasion de la France. Le rétablissement du concert européen, quelque faible qu'il ait été en 1878, à Berlin, et le refus des puissances occidentales de reconnaître le traité de San-Stefano, avaient paru, pendant un moment, motiver l'espoir que nous entrions dans une période où chaque État trouverait un encouragement à respecter les règles de la morale internationale par l'assurance bien fondée que les autres États seraient également obligés de s'y soumettre. Mais cette espérance fut aussitôt compromise, sinon détruite, par l'occupation anglaise de Chypre, dont l'acte récent commis par la France n'est que la conséquence directe.

D'un autre côté, la nation qui vient de verser tant de sang en Afghanistan dans le but de déjouer les desseins hostiles de la Russie, devrait être apte à comprendre l'irritation qu'ont provoquée en France les intrigues de l'Italie dans un pays qui touche à l'une de ses colonies. Les cris de réprobation poussés par l'Italie nous touchent peu. Elle s'est simplement trouvée devancée dans l'exécution de ses propres desseins ambitieux. Si ceux-ci n'avaient pas été aussi manifestes, il est probable que la France aurait continué à respecter l'indépendance de la Tunisie.

Mais, après avoir accordé à ces considérations tout le poids qu'elles méritent, nous sommes tenus d'exprimer le profond regret que nous a causé l'acte récent du gouvernement français, acclamé, nous le constatons avec peine, par presque toute la France. Comme Positivistes, nous avons, conformément à nos principes, chaleureusement protesté toutes les fois que, dans sa conduite envers les autres nations, l'Angleterre a outrepassé ses droits ou oublié ses devoirs. Nous avons fait tous les efforts possibles en 1870-71 pour déterminer une intervention de l'Angleterre en faveur de la France. Nous n'avons cessé de demander la restitution de Gibraltar à l'Espagne. Non seulement nous combattons toute extension de notre empire, mais nous aspirons à nous en défaire aussi rapidement que le comporte le juste respect des populations qui y sont annexées. Si plusieurs d'entre nous hésitèrent au début à blâmer sans réserve l'acquisition de Chypre, c'était dans le doute qu'elle ne constituât un élément nécessaire de protection de l'Asie Mineure contre l'agression de la Russie. Mais dès qu'il fut reconnu que ce plan n'était qu'un trompe-l'œil, il n'y eut pas un seul Positiviste anglais qui ne condamnât la cession forcée de Chypre comme étant a la fois une injustice à l'égard de la Turquie, un déshonneur pour l'Angleterre et un précédent déplorable pour l'Europe.

C'est parce que nous avons la conviction d'avoir apprécié sans indulgence les fautes de notre propre nation que nous croyons avoir le droit et le devoir d'exprimer avec respect, mais en toute franchise, notre jugement sur la manière dont la France a agi envers la Tunisie.

La conduite de la France nous paraît répréhensible pour les motifs suivants :

Tout État indépendant a le droit de conserver son indépendance. S'il se conduit mal avec les autres États, il est susceptible d'être puni. Mais, et sans nous laisser dominer par aucune vue absolue, il nous paraît difficile d'imaginer quelles circonstances pourraient justifier un État qui infligerait à un autre un châtiment entraînant l'anéantissement de son existence nationale. Il importe peu que cet État soit grand ou petit, qu'il soit chrétien ou non, qu'il fasse ou non partie de l'Europe; pour tout Positiviste, c'est une règle qui doit être universellement respectée.

Pour la France, la politique sage, la politique équitable, consiste à prendre l'initiative d'une ligue de tous les anciens États de l'Europe qui n'aspirent pas à étendre leurs frontières, afin de résister à l'insatiable ambition des États nouvellement établis qui, au nom de la doctrine des nationalités, ne cherchent qu'à troubler le *statu quo* européen. Pour qu'elle puisse poursuivre avec efficacité cette politique, il est absolument nécessaire qu'elle se montre elle-même dégagée de tout chauvinisme (ce que nous appelons, nous, *jingoïsm*). La croyance que la France s'était purifiée de cette disposition malfaisante avait déterminé en sa faveur, chez les nations occidentales, un mouvement croissant de sympathie et de confiance. La brusque récrudescence de l'esprit chauvin a visiblement réveillé leur ancienne méfiance. A quelque degré que ce déploiement de force ait pu relever le prestige militaire de la France, c'est un réveil qui aura été bien chèrement payé, s'il a retardé le développement de cette influence morale qu'Auguste Comte réclamait pour la nation centrale de l'Occident, pour le berceau de la religion de l'Humanité.

Comme citoyens d'un État qui a le malheur de posséder le plus grand empire colonial du monde, nous savons par expérience combien la conquête et l'administration de peuples étrangers et lointains entravent et retardent le bon gouvernement et le progrès intérieurs. Nous sommes convaincus que, dans de pareilles conditions, aucun gouvernement ne peut être, autant qu'il convient, soumis à l'observation et placé sous le contrôle de l'opinion publique. Jusqu'ici, la France avait eu la bonne fortune d'être presque entièrement à l'abri de ce désavantage. Nous sommes peinés de la voir entrer dans une voie qui pourra, il est vrai, profiter à un petit nombre de fonctionnaires et de spéculateurs, mais qui sera certainement funeste à la grand masse du peuple.

Il y a vingt-sept ans, Auguste Comte demandait « une honorable restitution de l'Algérie aux Arabes ». Nous souhaitons vivement que tous ses compatriotes lisent et examinent avec l'attention qu'ils méritent les termes nobles et sages dans lesquels il a traité cette question. Ce n'est pas nous, qui savons combien il est grave de troubler un état de choses établi, de quelque nature qu'il soit, qui voudrions donner à entendre que le moment est venu de mettre à exécution son conseil. C'est un point dont la décision appartient aux Français, et d'ailleurs il ne serait guère décent qu'une pareille recommandation vînt des possesseurs de l'Inde. Mais ce qui nous est permis, c'est d'exprimer le regret que le *statu quo* n'ait pas été respecté et qu'on ne l'ait changé que pour l'aggraver. Et ce qui nous enhardit à exprimer ce regret, c'est le succès qui a suivi les efforts d'un parti nombreux et grandissant qui s'est formé en Angleterre pour empêcher l'incorporation à notre empire de l'Afghanistan et du Transvaal.

C'est parce que nous croyons que la France reste toujours exposée à de graves dangers de la part de l'Allemagne, que nous sommes surpris que de pures considérations militaires n'aient pas suffi pour l'empêcher d'entreprendre cette campagne. Il est possible que l'Italie n'ait pas de raisons sérieuses de la considérer comme une insulte à son adresse; mais ce qui est certain, c'est que l'Italie l'envisage ainsi. Or, quelque avantage secondaire que l'on espère retirer de la possession de la Tunisie, il ne pourra, et de beaucoup, contrebalancer l'énorme danger que pourrait, dans certaines conditions, faire courir à la France l'amère inimitié de l'Italie.

Nous croyons que les vues que nous venons d'exprimer sont partagées par la plus grande partie, sinon par la totalité, de nos coreligionnaires de France. C'est avec une profonde satisfaction que nous avons vu paraître la protestation du docteur Robinet, dans le dernier numéro de la *Revue occidentale,* contre le projet de la conquête du Soudan par la France.

Il ne nous reste plus qu'à déclarer qu'en présence des graves atteintes que les incidents de Chypre et de Tunis ont fait subir à la bonne entente entre la France et l'Angleterre, le devoir de la maintenir et de la fortifier incombe plus que jamais, dans les deux pays, à tous les bons citoyens.

Pour la Société positiviste de Londres,

E.-S. BEESLY, Président.

Juin 1881.

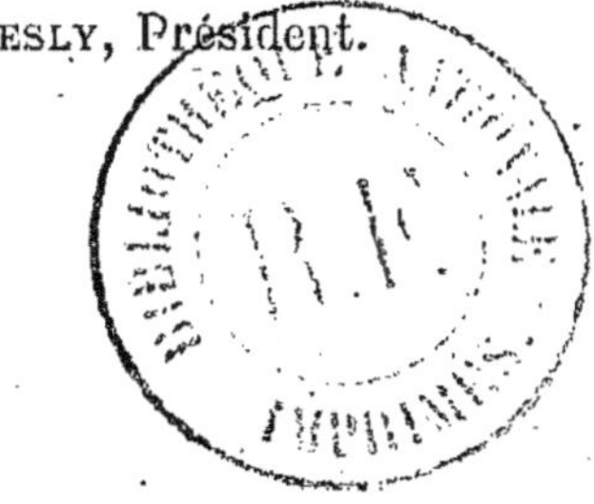

IMPrie Vve P. LAROUSSE & Cie
PARIS
PARIS
RUE
MONTPARNASSE

www.ingramcontent.com/pod-product-compliance
Lightning Source LLC
Chambersburg PA
CBHW071406030726
47594CB00006B/2356